顔ハメ百景 長崎
NAGASAKI
【天領ぶらぶら編】

塩谷朋之

PROLOGUE

　日本人なら誰しも、顔をハメて写真を撮ったことはないにせよ、一度は絶対に見たことがある顔ハメ看板。日本全国すべての都道府県にあり、その土地の偉人や観光地、特産品などを手軽に知ることができ、また旅の思い出作りにも最適。そんな優秀な観光ツールであるにも関わらず、どこか間の抜けた存在であるからか、B級感が否めないためか、これまで顔ハメ看板を軸に各都道府県の魅力が語られることはほとんどありませんでした。なんと勿体ない。いろいろな土地を、「顔ハメ看板にハマること」を目的に旅する私にとっては、これ以上その土地を表しているものは他に無いと感じます。顔ハメ看板を通して、47都道府県の魅力を再発見していこうと企画したのがこの「顔ハメ百景」です。

　この本に載っている顔ハメ看板の中には壊れたり、期間限定でもうハマれないものもあります。でもこの本に載っていない顔ハメ看板が新たに生まれているかもしれません。旅も顔ハメ看板のハマり方も百人百様。この本片手に旅に出て、顔ハメ看板の穴を通して見るあなたなりの「百景」を楽しんでください。

CONTENTS

PROLOGUE ･･････････････････････････････････････ 03

長崎地域 ･･ 05

COLUMN
長崎の女（ひと） 溝上由紀 ･･････････････････････ 26

県北・県央地域 ･･･････････････････････････････････ 27

島原地域 ･･ 51

島地域 ･･ 71

長崎顔ハメモデルコース１
空港からレンタカー編 ･････････････････････････････ 82

長崎顔ハメモデルコース２
長崎駅から公共交通機関編 ･････････････････････ 84

EPILOGUE ････････････････････････････････････ 86

INDEX ･･･････････････････････････････････････ 94

長崎地域

01　長崎市科学館

『世界ふしぎ発見！』でお馴染みの草野仁さんが名誉館長兼運営アドバイザーを務める科学館。科学館に置かれている顔ハメ看板というのは、一人用で宇宙飛行士になれるシンプルなものが多いのですが、色々ぎゅうぎゅうに詰め込んだこちらの看板、なかなか魅力的です。穴位置が低い方にだけ足場があったので、親子でハマることを想定されて作られているようです。

📍 長崎市油木町

02　長崎ロープウェイ淵神社

　1000万ドルの夜景と称される長崎の夜景のビュースポットとして有名な稲佐山山頂に向かうロープウェイの麓側の駅に設置されている顔ハメ看板。なんといってもこの穴サイズ。フィット感とは程遠いのですが、ここまでくると潔さを感じます。ロープウェイ本体の方もくり抜かれていて、何人か覗ける仕様になっているので、家族で行っても喧嘩になりません。

📍 長崎市淵町

03　田中旭榮堂

　明治31年創業の栗饅頭で有名な老舗の店先に、スライド開閉式の一枚。平成27年にリニューアルオープンされたとのことで、お店も顔ハメ看板もモダンでスタイリッシュ。顔の部分が閉まっている状態だと見逃しがちなのでご注意ください。お店に行く途中、先代の顔ハメ看板がハマれない形で置かれて道案内。有効活用されています。

📍 長崎市上町

04　シーボルト記念館

江戸時代後期に来日し長崎で蘭学を教えたフィリップ・フランツ・フォン・シーボルトの功績と生涯について紹介する記念館。3人用ながら親切な開閉式になっており、一人で来ても困りません。裏から見てもどの穴が誰なのかわかるように書いてあったり、開閉式の顔を開けると当たる部分にクッションとしてスポンジが付けられていたり、どこまでも丁寧な造りです。

● 長崎市鳴滝

05　長崎ペンギン水族館

　条約などによって日本で飼育できるペンギンの種類は11種なのですが、そのうち9種を飼育している、世界一飼育種類数が多い水族館です。ペンギン水族館なのに、何故か野母崎名物の生からすみになれる顔ハメ看板。からすみの母と父の2パターンがある気合の入りよう。高級品になれて気分が盛り上がります。特別展示でも顔ハメ看板が確認できたので、今後も要チェックです。

📍 長崎市宿町

06 | カフェオリンピック

高さ1.2mの長崎夢タワーという名物パフェがある、地元の人にも観光客にもお馴染みのカフェ。省スペースで作られているこちらの看板、トイレ横にひっそりと置かれているのでお見逃しの無いよう。身体をはみ出さずにハマるのにかなり苦労しますが、綺麗にハマれると達成感が。巨大パフェを食べ切った時もこのような気持ちになれるのかもしれません。

📍 長崎市浜町

07　あや鶏長崎思案橋店

何故長崎にくまモンと思いきや、熊本にも店舗があり、熊本地震の後にエールを送るために設置されたようです。九州に十数店舗構える完全個室の居酒屋さんで、売りはまだ世に知られていない九州の美味しい地鶏とのこと。店舗へと続く階段の半分以上を潰すサイズ感は、復興への思いの大きさと比例していると思われます。「がんばろう！九州」。

📍 長崎市鍛冶屋町

08 | 彩菜

生まれつきの美女と描かれつつ、網で焼かれる豚の顔ハメ看板。何よりも大きく書かれた「韓国料理」の文字が頼もしいです。実際はサムギョプサルの専門店。裏に廻ってハマろうとすると、お店の自動ドアが開いて気まずいので、先にお店の方に一声掛けるのが良いかと思います。夜中の2時までやっているお店なので、長崎顔ハメ看板の夜のラストに相応しいかもしれません。

📍 長崎市船大工町

09 | かたろう

かつて日本三大花街の一つとして栄えた丸山。そんな丸山の中心に位置する丸山公園の前にある居酒屋さん。上は旅館になっていて一泊二食付きで5775円と低価格で宿泊できるそう。歴史情緒溢れる一角に置かれている、渋い手描きの顔ハメ看板。夜、提灯の明かりの中大人っぽくハマるのがオススメです。似てるんだか似てないんだかの坂本龍馬の表情が良い塩梅。

📍 長崎市寄合町

10 | 軍艦島コンシェルジュオフィス

軍艦島に向かうクルーズ船の乗船場横に佇むガンショーくんの顔ハメ看板。一人用ながらオリジナルの顔がわかるように開閉式となっているので、閉まっていると顔ハメ看板だと気付きづらく、ある意味上級者向け。世界文化遺産に登録されている軍艦島への乗船場の真横なので人通りは多いのですが、基本穴を閉めているからか、あまりハマられていないです。

📍 長崎市常盤町

11   TeRAYA

　オランダ坂近くのふんどしセレクトショップにある手持ちの顔ハメ看板。車を運転中に偶然店内にあったこの看板を発見。せっかくなのでと何気なく購入した一枚のふんどしから、私のふんどしライフが始まりました。上司や友達の妹に勧めたりして、今ではふんどし仲間も出来ています。お店のお客さんは女性と男性が半々とのことで、プレゼントにもオススメです。

📍 長崎市大浦町

12 小さな文房具店てがみ屋

お手紙の魅力を発信する大浦町のステキ文房具店。店内には手紙を書けるライトインスペースもあり、文房具店ながらゆったり過ごせます。長崎愛が詰まった商品ラインナップで、お土産を買うのにもオススメ。顔ハメ看板の方はおしゃれな店内に対して、なかなか圧のあるサイズと構図の看板です。各穴のシェイプといい、一緒にハマる人との距離感といい、色々と考えさせられる一枚。

📍 長崎市大浦町

13 孔子廟

儒教の創始者である孔子を祀っている孔子廟は日本各地にありますが、その中でも一番見応えがあり、日本で唯一の本格的中国様式の霊廟がこちら長崎の孔子廟。そしてたぶん日本で唯一、顔ハメ看板がある孔子廟です。顔ハメ看板のモチーフは中国の第一級国家機密と言われる変面。一瞬で面を変える演技の変面は、一子相伝で受け継がれていてかなりの修練が必要とのこと。

📍 長崎市大浦町

14 | グラバー通り ドクターフィッシュの店

たどり着くまでにも坂が多く、敷地内もなかなか広大なグラバー園。そこで疲れた足を癒すためにか、園の目の前にあるドクターフィッシュ専門店。水族館やスーパー銭湯などで目にする機会はありますが、こちらは専門店なので規模が大きめ。あちらの足に角質を食べに行って、こちらには寄ってこないなどということはなさそうです。穴のあけっぷりが大胆でドキッとします。

📍 長崎市南山手町

15　グラバー通りZIPPO王国

　ドクターフィッシュの上の階には坂本龍馬の顔ハメ看板が鎮座。お店が開いていない時に二度ほど通ったのですが、外に出されていなかったので、閉店中はちゃんと仕舞われていて大事にされていることがわかります。設置場所柄、誰かに協力して撮ってもらうのが吉です。なかなか大胆な置かれ方からも察することができるように、楽しい雰囲気の雑貨屋さんです。

📍 長崎市南山手町

16 | 長崎亜熱帯植物園 サザンパーク野母崎

惜しまれつつも 2017 年に閉園してしまった亜熱帯植物園。訪れた時は閉園に向けての無料開放期間だったこともあり多くの人で賑わっていました。東京ドーム 7 個分という広大な敷地に植物だけでなく、子どもが遊べる広場やレストランも併設されていて、市民のみなさんにはおなじみの場所だった様子。こちらの丁寧なつくりの顔ハメ看板も今はハマれないと思うと、胸に迫るものがあります。

📍 長崎市脇岬町

17 野母崎三和漁協活魚流通センター

野母崎の海の幸直売所前に置かれている顔ハメ看板。タコが大好物のウツボと、伊勢エビが大好物のタコ、美味しいので狙われる伊勢エビの、三つ巴の海底大決戦です。野母崎の秋の風物詩、伊勢エビまつりで提供される伊勢エビがいかに美味しく、強いかというメッセージが添えられているのですが、どちらかというと強さを伝えすぎているところが痺れます。

● 長崎市脇岬町

18 樺島オオウナギ井戸

井戸のオオウナギが天然記念物に指定された大正時代から、樺島周辺で捕獲されたオオウナギを井戸に放って名物としてきた樺島。近年では他県から渡り受けたものを、その井戸脇に設置された水槽で飼育しています。私が訪れた時は「ウナ次郎」「ウナ子」が愛嬌を振りまいていました。そんな水槽に設置されている雌雄のオオウナギモチーフの手持ち看板。壁に引っ掛けてあるのでお見逃し無いよう。

📍 長崎市野母崎樺島町

19 | 樺島灯台

灯台資料館にひっそりと置かれているこちらの顔ハメ看板、手持ちなのでロケーションが選び放題。可愛らしい灯台本体と一緒に撮るのがオススメです。一般公開されている時は灯台の中にも入れるので、事前にチェックしてから行かれることをオススメします。海抜100メートルの断崖の上からの景色も素晴らしく、しばらく時間を忘れられます。

📍 長崎市野母崎樺島町

COLUMN | 長崎の女（ひと）　溝上由紀

　長崎とのご縁の始まりは一通のメールから。私の本「顔ハメ看板ハマり道」を長崎の図書館で読んだという女性からのそのメールには、本を面白がって読んでくれた旨と、長崎にはこんな顔ハメがありますよというメッセージが、ご自身がハマっている形で添付されていたので、なかなか印象に残りました。長崎に行けたのは、メッセージをいただいてから一年経ってしまいましたが、今度行くことになりましたとご連絡したら、顔ハメ看板をぐるぐる廻りつつ、元ロマン長崎（親善大使）ならではの長崎愛溢れる視点で市内を色々とご案内してもらえ、一日で長崎の虜になったことが思い出されます。

　本書で紹介しているてがみ屋さんも溝上さんからのご紹介。そこから長崎でのトークイベント企画が実現したり、ラジオ番組まで出させていただいたり、色々とご縁をつないでくれ、行くたびにお世話になっている長崎の女（ひと）です。

県北・県央地域

20 | 平戸市消防本部

消防署にはよく顔ハメ看板が置いてあるのですが、こちらはなかなかの画力に加えて、土台もかなりしっかりしていました。廃材等を利用してお金をかけずに作られたそうです。やはりこういうことに長けた職員さんの手作りとのこと。小学校の消防署見学などで大人気だそう。エントランスにかなり堂々と置かれているので、目立ちます。

📍 平戸市岩の上町

21　たびら昆虫自然園

　日本の原風景である畑や雑木林、草原などの里山環境を再現して、そこに集まる昆虫などの生き物を自然のままに観察するというコンセプチュアルな昆虫園。解説員の方と一緒に園内を散策しながら昆虫を探すというスタイルが堪りません。虫が食べるために育てている野菜コーナーなど、グッとくるポイント多し。顔ハメ看板の構図も攻め気味で素晴らしいです。

📍 平戸市田平町荻田免

23 道の駅させぼっくす99

特産品の販売だけでなく、レストランやイベントスペースもある大きな道の駅。水陸機動団応援隊とのことで、顔ハメ看板を使ってPRされています。リバーシブルになっていて、片面では水陸機動団自体を、もう片面では水陸機動団カレーを応援することができます。どちら側を前に向けるかというのは、特に曜日や季節で決まっているわけではなく、気分で変えたりするそうです。

📍 佐世保市愛宕町

24 | 佐世保バーガー LOGKIT

　長崎のB級グルメとして有名な佐世保バーガー。こちらのお店ではビーフ100%のパティとオリジナルマヨネーズが自慢です。顔ハメ看板の横に鎮座する佐世保バーガーボーイのデザインはもちろんやなせたかしさん。アンパンマンに出てくるハンバーガーキッドを使用したいと佐世保市が依頼したところ、やなせさんがどうせなら新規のキャラクターをということで誕生。

📍 佐世保市矢岳町

25 | 環境省九十九島ビジターセンター

西海国立公園の中でも、特に九十九島の魅力を伝えるために、最新の自然情報展示やイベントを実施している施設。手持ちの顔ハメ看板がさりげなく数枚置かれているのでハマり逃しのなきよう。イベントなどに合わせて顔ハメ看板を作られたりするそうで、かつては手持ちではない自立式の顔ハメ看板が置かれたこともあるとのこと。今後も注目です。

♦ 佐世保市鹿子前町

26　九十九島動植物園森きらら

　園内に数枚の顔ハメ看板を構える動植物園。平成26年に新設された「ペンギン館」では、日本最大の天井水槽や深さ4メートルの深水槽、ペンギンの足裏を見ることができる日本初の極浅水槽など、ペンギンを余すことなく堪能できます。ほのぼのとした色遣いに一瞬見落とされがちですが、ペリカンが咥えている魚になれるという顔ハメ看板はなかなか攻めています。

📍 佐世保市船越町

27 | 大和製菓おかし直売所

長崎県民なら知らない人はいないスナック菓子「味カレー」でお馴染みの大和製菓さんのキャラクター、大和くんの顔ハメ看板。「味カレー」は、北は北海道から南は沖縄まで全国で展開されていて、多い月では月間60万個も販売されているとのこと。直売所を作った2012年から置かれているというこちらの看板は、屋外設置でなかなか渋く仕上がっています。

● 佐世保市大和町

28　海の駅船番所

　西彼杵半島の北端に位置する、横瀬浦を臨むバイキングのお店の顔ハメ看板。穴の大きさに少々難ありですが、「453周年」のインパクトは他ではお目にかかれません。なんと中途半端な周年記念なのでしょうか。453周年の時にどうしても顔ハメ看板を作りたかったのでしょうか。かなり頑丈に作られているので、しばらくはハマれると思います。とにかく気になる一枚。

📍 西海市西海町横瀬郷

29 | 魚魚市場

西海橋の麓にある海産物の販売所。その奥にある懐かしさ溢れる、こじんまりとしたゲームコーナーにポツンと置かれたオリジナルキャラクターの顔ハメ看板。クッキーなどの商品展開もされています。とぼけた顔がなかなか可愛いのに、ガツンと口当たりに穴をあけられたうずまくぞーくん。私が訪れた時は、バスケットのゲーム機で猫がお昼寝をしていました。

● 西海市西彼町小迎郷

| 30 | 長崎県立大村湾自然公園
大崎くじゃく園 |

インドクジャク約200羽が無料で見られる、地元民憩いの場であるくじゃく園。クジャクは昭和38年に、日印親善を記念してインドから寄贈されたそうです。顔ハメ看板の手作り感からも伝わってくる親しみやすい施設ですが、「頭を打って死ぬ時があるので、くじゃくをわざとおどかさないでください」などと注意書きがあったりして、なかなか緊張感もあります。

◉ 東彼杵郡川棚町小串郷

31　浦川理容

1943年開業の老舗理容店の駐車場に、案内が顔ハメ看板になっているという珍しい一枚。お店の方に何故作ったのか伺ったところ、ただの案内を作るのもつまらないし、せっかくだから面白くなるように顔ハメ看板にしましたと。顔の角度も楽しい一枚だなと思っていたら、まっすぐの穴だとつまらないしちょうどうちのイラストの顔の角度が斜めだったのでと、そこにもこだわりがありました。

📍 東彼杵郡東彼杵町蔵本郷

32　おおむら夢ファーム シュシュ

　直売所甲子園で優勝したこともあるというこちらの観光農園、農産物直売所だけでなく、体験工房やレストランなどもあり、年間50万人近くが訪れるという人気の施設です。広大な敷地では苺や梨、葡萄など旬の果物の摘み取りもできます。そして各畑には季節ごとにそれぞれの顔ハメ看板が。顔ハメ看板はロケーションも込みだということを思い出させてくれます。

◉ 大村市弥勒寺町

看板のある風景 1

33　長崎空港

　世界初の海上空港として開業した長崎空港にも顔ハメ看板。空港内の子ども向けの案内に、楽しさ満載の展望デッキへ是非お越しくださいと書いてあり、遊具の説明の中にちゃんと「かおだしぱねる」と紹介されているところが素晴らしいです。どんなに忙しい旅でも飛行機で長崎に来たらここだけはハマれるのではないかと思います。

📍 大村市箕島町

34 | 大村駅

天正遣欧少年使節の4人の偉業を伝えるために、忠実に4人用に作られた顔ハメ看板。足場がかなり立派に作られていて、大人4人でハマるのはかなりきついです。派遣当時は13、14歳くらいだったという4少年。顔ハメ看板は更に低年齢の4人だとハマりやすいかもしれません。広いホームですが、撮影者の方は線路に落ちないように気を付けましょう。

● 大村市東本町

看板の
ある
風景 2

35 | 大村市役所

NHK大河ドラマ「龍馬伝」の大村湾ロケなどで実際に使用された「伝馬船」がこちらの市役所前に、一応屋根はあるけど屋外設置という大胆さで展示されています。福山雅治さんのサインもあるのに屋外設置とはなかなか思い切った展示方法です。その横にあるこちらの顔ハメ看板も、木製の為、経年劣化で一部腐りかけていて味わい深くなっています。

📍 長崎県大村市玖島

36 | みんなのえがおカフェ kikitto

多良見や諫早のご当地キャラクターが勢ぞろいしている顔ハメ看板。特に一番奥にいる人間味あふれるミカンが気になったのですが、みかんと人間のハーフで、「みかんくん」というキャラクターだそうです。つなぎの作業服を着ているので、何らかの仕事をしているのだと思うのですが、ネットで調べてもあまり情報が出てこないので、気になる存在です。

📍 諫早市多良見町化屋

37 | 鳥むら食堂

昼の定食屋としても、夜の居酒屋としても利用できる、焼き鳥ではなく、とり焼きの専門店。朝引きの新鮮な鳥をリーズナブルに召し上がれます。鳥の着ぐるみを着た人というオリジナルキャラクターの顔ハメ看板は、お店の柱に打ち付けてある省スペースタイプ。お店の営業スタイルとは関係ありませんが、駐車場の脇にヤギが飼われていて、和みます。

📍 諫早市川床町

38　小長井町漁協直売店

　5人用の大型パネルながら、開閉式なのでお一人様にも安心な一枚。この構図だと特にどこにハマりたいという争いも起きなそうですが、ご丁寧にトマト、メロン、イチゴなどと裏に書いてあります。「ときめきフルーツバス停通り」というかなりファンシーなネーミングの道路上にあって、到着するまでもイチゴやメロンなどの果物を模った、フルーツバス停を楽しめます。

📍 諫早市小長井町遠竹

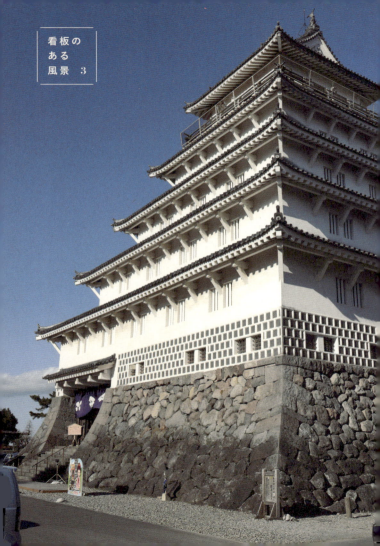

看板の
ある
風景 3

♨ 島原地域

39 | 愛野駅

吾妻駅へと向かう「愛しの吾が妻」の出発駅。手には町の特産品であるじゃがいもとブロッコリーが握りしめられています。「日本愛妻家協会」と姉妹組織提携を結ぶ「日本ロマンチスト協会」の名誉本部が置かれている地でもあります。2009年には同協会とのタイアップにより、駅舎の塗替えデザインが公募され、だいぶメルヘン強めのカラーリングが施されています。

● 雲仙市愛野町野井

40 吾妻駅

同じ島原鉄道にある愛野駅と合わせると「愛しの吾が妻」となることから、愛野駅からの切符が縁起物になっている吾妻（あずま）駅。町の特産品であるじゃがいもとブロッコリーを握りしめている新婚夫婦が微笑ましい構図です。愛野駅にも顔ハメ看板があって、和装と洋装で違いを楽しめますので、片手落ちにならぬようにお気を付けください。

● 雲仙市吾妻町牛口

看板のある風景 4

41 雲仙市立図書館

図書館の公式キャラクター、ラブックンの顔ハメ看板。ちゃんぽんの具をイメージした蝶ネクタイ、本を持つ手はたいらガネ（ワタリガニ）、じゃがいも型のポケットが付いたオーバーオールと、設定を知れば知るほど、更に興味が湧いてくるキャラクターです。ガラス張りの施設特有の、常に逆光問題に晒されている一枚なので、訪問時間を気にしたいところです。

📍 雲仙市国見町土黒甲

42　千々石展望台

日本景観100選の地に選ばれた「橘湾」を一望できる展望台にある顔乗せタイプの顔ハメ看板。厚みが結構あり上手くハマれているのか分かり難く上級者向け。食堂や売店もあり、休憩スポットにもなっているこちら、長崎県民がここにくると買わずにはいられないという特産のじゃがいもを丸ごと蒸して、秘伝の衣で包んで揚げたご当地グルメの「じゃがちゃん」が美味しいです。

📍 雲仙市千々石町丙

43 | 島原消防署

色使いと服のデザインが時代を感じさせる、手作り味溢れる味わい深い一枚。署員さんの手作りと思われますが、消火器等小道具のレタリングや看板自体の造りを見ても、温かみが伝わってくる良い看板です。看板の横には火消纏など昔の消防グッズが飾られていて、そういうのがあると大体顔ハメ看板がないことが多いのですが、スペースに余裕があるからか色々と置かれています。

📍 島原市新馬場町

44 島原城

日本の100名城にも選定されていて、城跡が長崎県指定史跡に指定されている島原城の、わりと目立つところに置かれている開閉式の顔ハメ看板。島原城のおもてなしを行っている島原城七万石武将隊の松倉重政さんがいらっしゃったので、一緒にハマってもらおうとお願いしたら、「この格好で入ってしまうと何者だかわからなくなりますから！」と横に立ってくれました。

📍 島原市城内

45　島原一番街アーケード

島原城観光復興記念館を主会場に武家屋敷や商店街、旅館など100ヶ所以上に約3000体の人形が飾られる島原のひなめぐりイベントの顔ハメ看板。渋い商店街には珍しく、手描きではなく写真プリント。看板下部に英語で説明書きがあるのですが、ひな祭りの説明の前に顔ハメ看板の説明が書いてあり、島原の顔ハメ看板への愛と、ホスピタリティを感じ取れます。

📍 島原市中堀町

46 | 重松花屋

お店も大きい老舗のお花屋さんですが、顔ハメ看板も相当大きく、横の幟も相俟ってやる気を感じます。そして花の中心に穴を開けるという素晴らしさ。板ではなく垂れ幕のような素材で作られているので、ハマるときは顎で引き寄せると上手くいきます。お店のホームページによると、アットホームな店作りを心がけていらっしゃるそうなので、大成功だと思います。

● 島原市中堀町

47　ホテル南風楼

　妖怪ウォッチの作者、小西紀行さんの出身地ということで、島原のご当地キャラクター「しまばらん」も小西さんのデザイン。こちらの顔ハメ看板では「しまばらん」だけ顔を外して穴が開けられていて、大事にされている感が。吹き出しに自由にコメントが書けるようになっていたのですが、子どもたちが吹き出し以外にも落書きしまくった痕跡があり、子連れにオススメの宿感も出ています。

📍 島原市弁天町

48　小浜食糧

　長崎銘菓といえばの「クルス」を製造している小浜食糧さんの顔ハメ看板。1932年創業の老舗に、このポップな看板が置かれているギャップがステキです。普段店頭に置いてあるわけではなく、クルスまつりの時に出されたり、工場見学（要予約）の際にハマれたりというレア板です。最後は職人技で仕上げるという銘菓同様、味わい深い看板です。

📍 雲仙市小浜町北本町

49 | 松坂屋湯せんぺい本舗

雲仙を代表するお菓子のひとつで、小麦粉・卵・砂糖・温泉水を生地に練りこみ作る湯せんぺいの顔ハメ看板。湯せんぺいのお店は雲仙に数件あるのですが、すべて味が違うそう。そして顔ハメ看板があるのはこちらのお店だけとなっています。それにしても大胆な穴の開け方で、鳥観図の部分に空いている下の方の穴にハマるのは、結構きつい体勢になります。

📍 雲仙市小浜町雲仙

50　雲仙湯元ホテル

創業元禄八年の源泉かけ流しが自慢の老舗旅館入口にある顔ハメ看板。雲仙の湯治の歴史はこちらの旅館から始まったそうです。300年以上続いているとのことで、雲仙に数ある温泉旅館の中でも、なるほど存在感があるホテルです。顔ハメ看板は老舗旅館に似つかわしくないポップな画風と構図ですが、板自体は裏に廻ると歴史を感じることが出来ます。

📍雲仙市小浜町雲仙

看板の ある 風景 5

51 雲仙よか湯

小さい子供も入れることを、顔ハメ看板に家族を描くことでアピール。ホームページを拝見すると、生後3か月の赤ちゃんが満足げに入浴されておられます。何よりも体験してもらいたいのは、この顔ハメ看板の穴位置の低さ。後ろがすぐに植込みなので、寝そべったりと身体を逃がすのも一苦労です。訪れる際は是非、汚れてもいい服を着ていくことをオススメします。

📍 雲仙市小浜町雲仙

52　雲仙みかどホテル

雲仙の歴史を伝える樹齢800年の銘木を門にあしらったホテルの敷地内にあるお土産屋さんに置かれている顔ハメ看板。広大な敷地内にやたらと設置されていて、やる気を感じます。歴史を感じる立派な門に対して、ポップな絵柄に現代風の造りの顔ハメ看板。私が訪れた時はお雛様風のものがあったので、季節によって変わることもありそうです。

📍 南島原市深江町甲

53　土石流被災家屋保存公園

　雲仙普賢岳をバックに、天草四郎モチーフのひまわり四郎くん顔ハメ看板。土石流被災家屋保存公園は、名前の通り、被災家屋をテントで覆い見学できるようになっている施設です。悲しく凄惨な歴史の主人公である天草四郎と、土石流被害という自然の驚異を教えてくれる施設のマッシュアップが、ひまわりを持った四郎くんというところに、ただならぬ何かを感じます。

📍 南島原市深江町丁

原木しいたけ

海女とウニ

島地域

人面石

ツシマヤマネコ

54 | 対馬野生生物保護センター

　ツシマヤマネコの保護と展示を目的に設置された環境省の施設。顔ハメ看板ももちろんツシマヤマネコ。向かって左手の「つしまる」は初めて一般公開されたツシマヤマネコで、次いで一般公開されたのが右手の「つつじ」。口にハマれるというのがなんとも可愛らしい。ツシマヤマネコと家ネコの違いは8カ所あるそうですが、みなさんお分かりになりますか？

📍 対馬市上県町棹崎公園

55　エリア 21 対馬店

観光で行く人がほとんどいない施設だと思いますが、わざわざ対馬に来てこの看板にハマる人がどれくらいいるのか、興味深いところです。日常的に利用されているパチンコ店のお客さんはハマらなそうですし。その割に思い切ったサイズ感なのがステキです。期間限定で置かれることが多いパチンコ店の顔ハメ看板、このように立派に作られている常設物は珍しいです。

📍 対馬市厳原町田渕

看板のある風景 6

56 いづはらショッピングセンター ティアラ

ショッピングセンターと図書館や研修室などの行政施設が一体となっている大型複合施設にある顔ハメ看板。韓国からの観光客がかなり多いため、いたるところにハングル表記があったり、そもそもハングル表記しかない貼り紙があったりする対馬ですが、こちらの看板も施設名以外はすべてハングルで書かれているというご当地感。何と書いてあるのか気になります。

📍 対馬市厳原町今屋敷

57　観光情報館ふれあい処つしま

　観光案内所に併設する、対馬の歴史を学べる施設です。顔ハメ看板は希少在来馬である対州馬モチーフのキャラクター「タイシュウデッパー」に、国の天然記念物であるツシマヤマネコモチーフのキャラクター「つしにゃん」が乗っかっているというレアな組み合わせ。穴の場所も馬の脳天というレアさ加減。「つしにゃん」の口からも顔を出せるようになっています。

📍 対馬市厳原町今屋敷

58　壱岐市立一支国博物館

　2010年にオープンした先進的な博物館のエントランスにある、国重要文化財である弥生時代後期の出土品「人面石」のゆるキャラ「人面石くん」の顔ハメ看板。人面石くんのデザインの邪魔をしないように、口部分にハマれるようになっています。人面石くんは壱岐としてだいぶ推しているキャラのようで、フェイスタオルやストラップ、クッキーなど色々とグッズ展開されています。

📍 壱岐市芦辺町深江鶴亀触

59　あまごころ壱場

　壱岐の島にある島内最大級のお土産や産直品の販売施設で、レストランでは壱岐牛、壱岐ウニなど、郷土料理を堪能できます。うに丼は予算に応じて種類と量を10g単位で注文できるので、安心。看板の方は5人用で、なかなか難易度が高くなっております。ヤマネコやウニ、鬼、猿など壱岐の特産物や伝説などに因んだ戦隊モノの顔ハメ看板ですが、シマナガシブルーとはこれ如何に。

📍 壱岐市郷ノ浦町東触

60 道の駅鷹ら島

かつて勝海舟と坂本龍馬が渡った日比水道に橋が架かり、出来たのがこちらの道の駅。松浦市長の提案で設置されることとなった顔ハメ看板も、もちろん勝海舟と坂本龍馬。鷹島町在住の画家の方が味わい深いタッチで描かれています。長崎県に11ある道の駅で、唯一マグロの解体ショーが行われていて、丼だけでなく、マグロバーガーも食べられたりと、マグロ好きには堪らない施設です。

📍 松浦市鷹島町神崎免

看板のある風景 7

長崎顔ハメモデルコース1
空港からレンタカー編

9:00　　　　　　　9:30

まず空港の展望デッキで一ハマリしてから、顔ハメ看板を巡る旅に出発。

大村駅と市役所で顔ハメ。大村駅は構内にあるので入場券を購入してイン。

13:30

雲仙温泉の駐車場に車を止めて、散策がてら数枚ある顔ハメ看板にハマる。

MODEL COURSE_1

11:00

鳥むら食堂でオープンと同時に顔ハメ。早めのランチ。

12:00

千々石展望台にて絶景を臨んでから顔を乗せて、お腹が空いていなくても名物のじゃがちゃんを。

12:30

小浜食糧にて工場見学後に顔ハメ。要事前予約。

14:30

雲仙みかどホテルで顔ハメ。

15:00

土石流被災家屋保存公園で顔ハメ。自然災害について学ぶ。

16:00

顔ハメ看板があるホテル南風楼にチェックイン。時間が許す限り、島原にいくつかある看板をハマり歩く。

長崎顔ハメモデルコース2
長崎駅から公共交通機関編

8:30   **9:00**   **10:00**

路面電車の一日乗車券を購入して、「長崎駅前」からスタート。「桜町」で下車。田中旭栄堂にてオープンと同時に顔ハメ看板。名物の栗饅頭を購入。

「桜町」から「蛍茶屋」まで乗車して、シーボルト記念館を目指す。開閉式なので一人でも安心。

孔子廟で中国の国家機密な変面の看板にハマったり。

グラバー園の前で坂本龍馬とドクターフィッシュにハマったり。汚れた足をドクターフィッシュに掃除してもらう。

MODEL COURSE_2

11:00

「蛍茶屋」から「大浦海岸通り」まで乗車。降りたら目の前の軍艦島コンシェルジュオフィスで顔ハメ。

歩いて廻れるところで、ふんどしセレクトショップの「TeRAYA」で初めてのふんどしを購入してからハマったり。

てがみ屋で手紙を書きつつハマったり。

16:00　16:30

一通りハマり終えたら「大浦天主堂」から「浜町アーケード」まで路面電車で。そこから歩いてカフェオリンピック。

丸山、銅座あたりをぶらぶらハマり、数軒はしごした後の〆は「かにや」。

EPILOGUE | 私の長崎

　入り組んだ地形に広範囲に顔ハメ看板が点在する長崎。いつ行ってもお祭りをやっているかお祭りの準備をしている印象がある長崎。
　南北に長い長崎市、やはり中心部に多く顔ハメ看板があります。顔ハメ目的でなくても訪れるであろうオランダ坂周辺には徒歩圏内にユニークな顔ハメ看板がいくつもあるので、観光がてらブラブラ歩くことをオススメしたいところ。人も多いので、一人で行っても撮ってもらいやすいです。
　南山手に宿泊した際は、予約時に男性でも泊まれる女性向けの部屋なら空いているとのことだったので、そちらでお願いすることに。部屋に入ってみると壁が全面にピンクの花柄で、何故かテレビの真後ろに大きな薔薇のプリントが置かれていました。そういえば鍵を渡されていなかったなと思いフロント兼お土産屋さんに戻って確認すると、うちはお預けはしてないんですと和かに返され、すかさずフロントにいた、ライダースに身を包んだ女性が、ここはそういうのは大丈夫、事故も今までないからと被せる。ここというのがこの

宿を指すのか長崎全体のことを指しているのかよくわからなかったけれど、説得力のある笑顔に安心したのでそのまま飲みに行くと、やはり帰ってきても事故は起きていませんでした。ぐっすり眠ったところで、長崎の朝といえば大型客船の汽笛。気持ちよく異国ムードを盛り上げてくれます。

　夜の〆はおにぎりという長崎特有の文化も教えてもらい、行くたびに堪能している「かにや」さん。ラーメンほどの炭水化物を飲んだ後に食べられなくなってきている身体には嬉しいサイズ感のおにぎりを出してくれます。いつ行っても混んでいて、地元の人に愛されているのがよくわかる名店です。次の日の朝食を買い込むのが通っぽい。ここでおにぎりを食べながらの瓶ビールが、何とも幸せな気持ちになれます。

　長崎市という括りでは、北の方ではあまり見かけられない顔ハメ看板ですが、南は軍艦島と伊勢海老で有名な野母崎が宝庫です。既に閉園してしまった野母崎亜熱帯植物園で、ラストに向けての

無料開放期間にハマれたことも懐かしく思い出されます。漁師町で何といっても海の幸が美味しく、長崎市中心部からも車で1時間弱ほどで行ける野母崎。ティラノサウルスの歯の化石も見つかったので、2022年には恐竜博物館をオープンさせる計画もあるとのこと。顔ハメ看板的にもまだまだ盛り上がりそうな土地です。

　島原半島というと雲仙温泉が一般的に思いつくところでしょうか。顔ハメ看板もやはり半島の中心、雲仙温泉に多く存在していますが、半島周辺の海岸沿いも外しがたいスポットが多くあります。雲仙温泉に泊まるのもいいけれど、顔ハメ看板的には海岸沿いもぐるりと廻りたいところ。オバマ大統領の名前にあやかって盛り上げようとしたことで有名な小浜温泉には、長崎銘菓でお馴染みの「クルス」を製造されている小浜食糧さんがあります。顔ハメ看板と共に、鈴木信太郎画伯のイラストが可愛い、ブックカバーやトートバッグなどのクルスグッズも押さえておきたいところで

す。日本一長い足湯もあり、かつて温泉に浸かっているオバマ大統領の顔ハメ看板が湯けむり混じりで置かれていましたが、私が訪れた時にはすでに無くなっていました。売店のおじさんに聞いたら、若い子たちがハマろうとして壊れちゃったとのこと。

　さらに南下するとみそ五郎伝説とそうめんでお馴染みの南島原、東に行けば、妖怪ウォッチの作者、小西紀行さんの出身地である島原とそれぞれの土地に魅力と、顔ハメ看板がちらほらあります。中心部に比べるとだいぶ落ち着いた雰囲気の島原半島ですが、雰囲気に合ったなかなか渋い顔ハメ看板が多くあります。南島原で泊まった宿では、有明海の波音だけがBGMの晩酌が格別でした。何を食べても美味しいのも嬉しいところです。

　佐世保では長崎県民のご当地菓子として有名な味カレーの大和くん顔ハメ看板に、佐世保バーガーにもハマれます。残念ながら屋台村の山形パラダイス顔ハメ看板は、訪れた時には既に無く

なっていました。更に足を伸ばせば平戸にも顔ハメ看板が。敷地内を昆虫が住み着きやすい環境に整備して、そこに棲息している昆虫を見て廻るというスタイルの平戸市営「たびら昆虫自然園」さん。解説員さんと共に1時間近く虫を探して歩くのですが、てんとう虫が服についたりすると、「身体に止まると幸福を呼ぶと言われているそうですよ」などと笑顔で教えてくれたりして、大変気持ちが良い施設なので、是非とも多くの人に行ってもらいたいところです。平戸市の付け根の先には看板情報もなく行ったことがないのですが、もしハマれるとしたら夢のある話です。

　長崎は離島にもちらほらと顔ハメ看板が点在しており、なかなかマニア泣かせのロケーションとなっています。古くから大陸との交流の窓口となっていた対馬は、かなり広い上に、空港から野生生物保護センターまでは車で1時間半ほどかかるので、時間に余裕のあるスケジュールで滞在することをオススメします。レンタカー屋さんには、

ツシマヤマネコを見付けたらステッカーがもらえるとか、鮮魚を載せたら罰金といった内容の張り紙があり、なかなか痺れます。街に貼られているチラシもハングルオンリーで書かれていたりと、独特の文化が垣間見られます。機内誌で仕入れた情報を元に、対馬産の小麦を使ったパン屋さんで昼食を取りましたが、大変美味しかった。山の中にあってなかなか行くのが大変ですが、その価値があります。

　釣りのメッカである壱岐島にも顔ハメ看板目的で行きました。アットホームな「みなとやゲストハウス」さんでの、麦焼酎でほろ酔いながらの楽しい夜はあっという間に過ぎてしまい、次はゆったりと行きたい壱岐島です。5人用の顔ハメ看板が壱岐にあったので、流石に現場で4人誘うのは大変かなと思っていたところ、ゲストハウスでたまたま一緒になった若者をスカウトしたらついてきてくれ、無事に穴を埋められたのも良い思い出です。

長崎には仕事で行く機会もあるのですが、色々な人と会話をしても、顔ハメ看板にハマって写真を撮り続けているという私の活動を面白がってくれる方が多いように感じます。一泊二日や二泊三日の短いスケジュールで行くにも関わらず、訪問に合わせて「てがみ屋」さんや「長崎都市・景観研究所／null」さんがトークイベントを企画してくださったり、その様子を長崎新聞さんや長崎ケーブルメディアさんが取材してくださったり。はたまたNBCラジオさんに生出演させていただいたり。ラジオでは出演に合わせて内緒で顔ハメ看板を作ってくださっていて、生放送中に三脚セルフタイマーで看板にハマるというスリリングでステキな体験もさせていただきました。なかなか旅行先というだけでは体験できない経験を多くできています。長崎の人にこの話をしたら、「それは天領だからですね」とのことでした。観光資源も豊富で、食べ物も美味しい。土地も潤っているので、長崎の人々は心が豊かで広いのかもしれません。

INDEX

長崎地域

長崎市科学館	06
長崎ロープウェイ淵神社	07
田中旭榮堂	08
シーボルト記念館	09
長崎ペンギン水族館	10
カフェオリンピック	12
あや鶏長崎思案橋店	13
彩菜	14
かたろう	15
軍艦島コンシェルジュオフィス	16
TeRAYA	17
小さな文房具店てがみ屋	18
孔子廟	19
グラバー通りドクターフィッシュの店	20
グラバー通り ZIPPO王国	21
長崎亜熱帯植物園サザンパーク野母崎	22
野母崎三和漁協活魚流通センター	23
樺島オオウナギ井戸	24
樺島灯台	25

県北・県央地域

平戸市消防本部	28
たびら昆虫自然園	29
道の駅させぼっくす99	30
佐世保バーガーLOGKIT	31
環境省九十九島ビジターセンター	32
九十九島動植物園森きらら	33
大和製菓おかし直売所	34
海の駅船番所	35
魚魚市場	36
長崎県立大村湾自然公園大崎くじゃく園	37
浦川理容	38

おおむら夢ファーム シュシュ	39
長崎空港	42
大村駅	43
大村市役所	46
みんなのえがおカフェ kikitto	47
鳥むら食堂	48
小長井町漁協直売店	49

島原地域

愛野駅	52
吾妻駅	53
雲仙市立図書館	56
千々石展望台	57
島原消防署	58
島原城	59
島原一番街アーケード	60
重松花屋	61
ホテル南風楼	62
小浜食糧	63
松坂屋湯せんぺい本舗	64
雲仙湯元ホテル	65
雲仙よか湯	68
雲仙みかどホテル	69
土石流被災家屋保存公園	70

島地域

対馬野生生物保護センター	72
エリア21 対馬店	73
いづはらショッピングセンターティアラ	76
観光情報館ふれあい処つしま	77
壱岐市立一支国博物館	78
あまごころ壱場	79
道の駅鷹ら島	80

顔ハメ看板ニスト｜塩谷朋之

東京都出身。20歳頃より顔ハメ看板に憑りつかれて、体がはみ出ないようにハマる、穴を埋めるため知らない人にでも声をかけてハマる、ハマる前にお酒を飲まないなどのマイルールに従って活動を続ける。三脚とカメラを毎日携帯し、常にハマれる看板がないかを探す日々。2019年時点でハマった顔ハメ看板の枚数は4000枚を超え、近年は年間500枚近いペースでハマっている。朝から料理するのは面倒くさいし栄養価が高いからという母親の偏った考えにより、幼少期の朝食は毎日カステラだった、というのが長崎との繋がり。

イラストレーター｜山本春菜

福岡県出身。物心ついた頃から自然や動物が好きで、高校・大学と美術を専攻し動物モチーフの作品を作ってきた。2015年に地域おこし協力隊として長崎県長崎市野母崎地区に着任。任期中に野母崎の名物をモチーフとした顔ハメ看板を制作、塩谷氏にハマってもらう。以来、年に一枚は新作顔ハメ看板を作り野母崎に塩谷氏をおびき寄せている。
現在は野母崎でイラストレーターとして活動しつつ、漁師の手伝いをしたり、野母崎の自然の記録をしている。

編集　島田真人
イラスト　山本春菜
ブックデザイン　白畠かおり

顔ハメ百景｜長崎　天領ぶらぶら編
2019年10月20日発行

著　者　塩谷朋之
発行者　島田真人
発行所　阿佐ヶ谷書院
　　　　〒166-0004　東京都杉並区阿佐ヶ谷南2-13-9-101
　　　　e-mail：info@asagayashoin.jp
　　　　URL：http://www.asagayashoin.jp
印刷・製本　シナノ印刷

本書を出版物およびインターネット上に無断複製（コピー）することは、著作権法上での例外を除き、著作者、出版社の権利侵害となります。
乱丁・落丁本はお取り換えいたします。
©Tomoyuki Shioya 2019 Printed in Japan
ISBN978-4-9907986-2-8